ANALIZA KSIĄŻKI

AF137696

Wyspa skarbów

· · · · · · · · · · · · · · · ·

ROBERT LOUIS STEVENSON

ANALIZA KSIĄŻKI

Napisany przez Pauline Coullet
Przetłumaczony przez Kâmil Kowalski

Wyspa skarbów

· ·

ROBERT LOUIS STEVENSON

ROBERT LOUIS STEVENSON

SZKOCKI PISARZ

- **Urodzony w Edynburgu w 1850 r.**
- **Zmarł w Vailima (Samoa) w 1894 r.**
- **Godne uwagi prace:**
  - *Podróże z osłem w Cévennes* (1879), nowela
  - *Wyspa skarbów* (1883), powieść
  - *Dziwny przypadek doktora Jekylla i pana Hyde'a* (1886), nowela

Robert Louis Stevenson (1850-1894), szkocki pisarz i wielki podróżnik. Do napisania jego opowiadań zainspirowały go wspomnienia z podróży po Francji, Ameryce i wyspach Samoan. Chorowity nastolatek, porzucił studia, by poświęcić się pisaniu. Jego rytmiczne i nierealistyczne opowieści były nowatorskie jak na swoje czasy.

Do jego najsłynniejszych powieści należą *Podróże z osłem w Cévennes* (1879), *Wyspa skarbów* (1883) oraz *Dziwny przypadek doktora Jekylla i pana Hyde'a* (1886). Pisał również eseje na temat teorii literatury, a także eseje opisowe i informacyjne o wyspach Pacyfiku. Stevenson był jednym z pierwszych Europejczyków, którzy bronili rdzennej ludności wysp Samoańskich przed potęgami kolonialnymi.

WYSPA SKARBÓW

KLASYCZNA OPOWIEŚĆ PRZYGODOWA

- **Gatunek:** powieść

- **Wydanie referencyjne:** Stevenson, R. L. (1884) *Treasure Island.* Boston: Roberts Brothers.

- **Pierwsze wydanie:** 1883

- **Tematyka:** piraci, skarb, odwaga, przygoda

Wyspa Skarbów została po raz pierwszy opublikowana jako powieść seryjna w brytyjskim magazynie. Pierwsze wydanie w formie powieściowej udostępniono w 1883 roku. Utwór opowiada o przygodach młodego Jima Hawkinsa, który jest częścią bandy piratów poszukujących skarbu i szybko stał się literackim klasykiem gatunku przygodowego i odniósł kolosalny sukces. *Wyspa Skarbów była* wielokrotnie adaptowana na potrzeby kina oraz jako komiks. Opisany w powieści wizerunek pirata również został powielony, do tego stopnia, że zakorzenił się w zbiorowej wyobraźni.

STRESZCZENIE

CZĘŚĆ I – STARY KORSARZ

Historia, opowiedziana z perspektywy Jima Hawkinsa, rozpoczyna się w 1782 roku, kiedy to młody bohater zaczyna spisywać przygody, które przeżył 20 lat wcześniej na morzu i na tajemniczej wyspie skarbów. Rodzice Jima to byli właściciele gospody admirała Benbowa, która znajdowała się w pobliżu Bristolu. To właśnie wraz z przybyciem nowego gościa, starego marynarza o imieniu Billy Bones, Jim zaczyna opisywać wydarzenia, które ukształtowały jego dorastanie.

Wkrótce po śmierci ojca Jima, nowy gość również ginie w wyniku gwałtownej kłótni z marynarzem, który przyszedł go odwiedzić. Przed śmiercią Bones otrzymał czarne znamię, symbol zbliżającej się śmierci wśród piratów. Jim i jego matka postanawiają więc zabrać zawartość starej skrzyni Bonesa, i zrobić to przed przybyciem piratów, nieświadomych przypadkowej śmierci Bonesa. Dokumenty przechowywane wewnątrz skrzyni są badane przez Jima, dr Livesey i Squire Trelawney. Zdają sobie sprawę, że jest to mapa skarbów i decydują się odejść w poszukiwaniu skarbu.

CZĘŚĆ II – KUCHARZ MORSKI

John Trelawney czarteruje statek o nazwie *Hispaniola*. Jako kucharza zatrudnia niejakiego Długiego Johna Silvera. Między kapitanem Smolletem a giermkiem dochodzi do spięć na tle doboru załogi statku: kapitan wytyka mu, że wybrał niegodnych zaufania ludzi.

Podczas podróży Jim dowiaduje się, że załoga planuje bunt, aby zagarnąć skarb. John Silver i jego przyjaciele to w rzeczywistości część dawnej załogi należącej do piratów Billy'ego Bonesa i Flinta. Ich celem jest więc odzyskanie skarbu. Młody Jim spieszy się, by przekazać swoje wieści kapitanowi i lekarzowi. Postanawiają poczekać i wykorzystać Jima jako pośrednika i szpiega, biorąc pod uwagę, że mężczyźni nie wydają się podejrzani wobec niego.

CZĘŚĆ III – MOJA PRZYGODA NA BRZEGU

Hispaniola dociera do wybrzeży Wyspy Szkieletowej. Mężczyźni wysiadają, aby zwiedzić wyspę. Jim postanawia podążać za nimi na brzegu i wślizguje się do jednej z łodzi wiosłowych przed ucieczką do lasu. Na lądzie, Silver zabija kilku mężczyzn, którzy są przeciwni buntowi. Podczas swojej ucieczki, Jim spotyka jedynego mieszkańca wyspy, rozbitka o imieniu Ben Gunn. Jest on również jednym z byłych ludzi Flinta.

CZĘŚĆ IV – ZAPASY

Pod nieobecność Jima, dr Livesey przejmuje prowadzenie fabuły tej części powieści: wraz z resztą załogi schronił się w zaporze wzdłuż wybrzeża, aby w razie ataku móc dokonać odwetu na buntownikach. Statek zostaje opróżniony z całego uzbrojenia i zapasów żywności.

Jimowi udaje się uciec od piratów i wraca na plażę z Benem Gunnem, który mówi mu, że ma skarb. Pracując z lekarzem, mapa skarb, jak również zapasy są podane do swoich piratów, aby wysłać je na złej drodze. Podczas gdy stado jest w stanie oblężenia, Long John Silver próbuje negocjować, ale warunki są gwałtownie odmówił przez kapitana Smollett.

W związku z tym pirat nakazuje mężczyźnie zaatakować zapasy kapitana. Zostaje on ranny, ale piraci odnoszą zwycięstwo. Jim wykorzystuje zamieszanie, by po raz kolejny uciec. Młodzieniec chce odzyskać łódź Bena Gunna, aby rozkręcić statek i tym samym uniemożliwić piratom ucieczkę.

CZĘŚĆ V – MOJA MORSKA PRZYGODA

Jim udaje się odrzucić statek, ale niektórzy piraci, którzy pozostali na pokładzie, widzą go. Jak statek dryfuje, wspina się z powrotem na pokład, aby spróbować skonfrontować piratów i przejąć kontrolę nad statkiem. Udaje mu się ściąć czarną flagę, która sygnalizuje zdobycie statku. Na sterze, pirat z gangu Silver chce dostać statek z powrotem do bezpieczeństwa. Atakuje Jima od tyłu, raniąc go w ramię, ale ostatecznie zostaje zabity przez młodzieńca. Jim doprowadza do zatrzymania statku na piaszczystym brzegu i widzi obóz piratów na brzegu.

CZĘŚĆ VI – KAPITAN SILVER

Schwytany przez piratów, Jim pokazuje odwagę, przyznając się do nich, że jest przyczyną ich nieszczęść, ponieważ podsłuchał ich rozmowę o buncie. Piraci decydują się więc użyć go jako waluty. Doktor Livesey prosi o możliwość rozmowy z Jimem. Long John Silver zgadza się pod warunkiem, że młodzieniec przysięgnie nie uciekać. Bohater zapewnia doktora, że jest w obozie.

Następnego dnia piraci rozpoczynają poszukiwania skarbu. Przerażeni tym, co wydaje się być głosem zmarłego Flinta, szybko znajdują łupy, ale skarb jest pusty. Grupa następnie lash out na ich lidera, Long John Silver, oskarżając go o nielojalności. Przybycie Ben Gunn, który uczynił okrzyki imitujące Flint, i lekarz jest wystarczająco dużo, aby uspokoić ich duchy. Skarb jest w rzeczywistości w posiadaniu Bena Gunna. Statek ponownie odpływa, pozostawiając piratów na pastwę losu. John Silver dostaje się na pokład, ale ucieka już w pierwszym porcie. Wracając do Bristolu ze swoją częścią łupu, Jim Hawkins przysięga, że już nigdy nie popłynie pod piracką banderą.

STUDIUM POSTACI

JIM HAWKINS

Jako bohater i narrator większości opowieści, młody Jim Hawkins daje nam osobiste spojrzenie na swoją przygodę. Z pewnością cofnął się o krok od wydarzeń, pisząc o nich dopiero po latach.

Nastolatek, który do tej pory nie przeżywał w życiu prawdziwych przygód, w końcu, wbrew sobie, zostaje rzucony w sam środek dramatycznych wydarzeń. Przedwczesna śmierć ojca zmusza go do prowadzenia spraw rodzinnych wraz z matką. Ale to właśnie z dala od rodziny dochodzi do głosu jego ognista i niezależna osobowość. Zmuszony do życia w nieprzyjaznym środowisku, umie w razie potrzeby zachować dyskrecję. Jest bardzo niezależny i impulsywny, nie myśli o konsekwencjach swoich działań. Tak jest na przykład w przypadku dwukrotnej ucieczki. Poruszając się pomiędzy strachem a fascynacją piratami, po powrocie jest bardziej dojrzały, gdyż przysięga, że nigdy więcej nie weźmie udziału w takich wyprawach.

Mimo młodego wieku Jim jest pewny siebie: w kontaktach z piratami odmawia cofnięcia słowa. Kapitan i lekarz również uważają go za osobę godną zaufania, ponieważ bierze udział w walce i do życia na pokładzie *Hispanioli*. Co więcej, obaj mężczyźni nigdy nie zwątpili w jego dobrą wiarę.

Czytelnik nie wie prawie nic o życiu Jima Hawkinsa przed i po jego przygodach na morzu. Uosabia on jednak ostatecznego bohatera, młodzieńczego i odważnego, z którym czytelnik może się łatwo identyfikować.

LONG JOHN SILVER

Long John Silver reprezentuje przerażającego i zdradliwego pirata, równie nieprzyjemnego, co fascynującego. Posiada klasyczne atrybuty pirata, zarówno pod względem fizycznym, jak i psychicznym:

- Ma drewnianą nogę i opaskę na oczach;

- Nosi papugę, która siedzi mu na ramieniu;

- Ma chciwą i kapryśną osobowość;

- Jest kłamcą i oszustem.

Jedyną motywacją Długiego Johna Silvera jest odzyskanie skarbu Flinta za wszelką cenę i nie waha się on przed zrobieniem wszystkiego, co uzna za stosowne, by osiągnąć swój cel, łącznie z morderstwem. Prawdziwy wodzirej, on ustanawia się jako główny inicjator buntu. Mimo to wydaje się, że Long John Silver i Jim są połączeni więzami przyjaźni i podziwu od początku przygody. W rzeczywistości pirat jako jedyny broni Jima podczas jego pojmania. Ich pierwsze spotkanie również przepełnione jest uprzejmością i podziwem.

Long John Silver mimo swojej niepełnosprawności wykazuje się dużą odpornością fizyczną. Ma imponującą siłę charakteru i zawsze udaje mu się wyjść z trudnych sytuacji: jako jedyny pirat wyrusza ponownie na pokładzie *Hispanioli* po zakończeniu wyprawy, udaje mu się też uciec. Prawdziwy kameleon, dostosowuje swój sposób mówienia i swoją postawę w zależności od osoby, z którą rozmawia, aby zdobyć jej zaufanie. Nacisk na jego bezlitosne i zacięte spojrzenie, jak również niemal upiorna natura tej postaci, która pojawia się i znika w całej opowieści, czynią z niego istotną postać piratów w literaturze.

DR LIVESEY

Doktor Livesey przedstawiony jest przede wszystkim jako człowiek naukowy, inteligentny i odważny. Wabik pieniędzy nie wydaje się być jego główną motywacją podczas podróży. Jako lekarz jest niezastąpiony na pokładzie. Nie waha się zaopiekować piratami chorymi na malarię na wyspie. To również on rozszyfrowuje mapę Billy'ego Bonesa u podstaw wyprawy.

Jest blisko związany z Jimem i pochodzi z tego samego miasta co on. Z pewnością można go uznać za postać ojcowską dla młodego człowieka. W rzeczywistości lekarz jest obecny przy śmierci ojca Jima, towarzyszy i opiekuje się nastolatkiem przez całą podróż, a także doprowadza Jima do łez, pouczając go o wielokrotnych ucieczkach.

Żywiołowość doktora kontrastuje z brutalnością piratów. Tworzy na nich pułapkę, dając im mapę skarbów. Jest człowiekiem czynu i dobrym strategiem, dobrze posługuje się bronią palną, ale generalnie woli negocjować. Ustanawia się też kapitanem wyprawy lądowej, podczas której przejmuje kierownictwo nad historią, co czyni go kluczową postacią dla przebiegu powieści.

GIERMEK JOHN TRELAWNEY

Postać z tytułem szlacheckim, charakteryzuje się przede wszystkim naiwnością w kwestii organizacji wyprawy. Brak doświadczenia w świecie, który z pewnością nie jest jego własnym, skłania go do zaufania grupie piratów, których rekrutuje na załogę, co natychmiast prowadzi do wielkiej kłótni z kapitanem Smollettem. Niepozorna postać, podejmuje niewiele strategicznych inicjatyw, w przeciwieństwie do doktora Liveseya. Jego zmartwienia są bardziej daremne, co widać po peruce, którą nosi podczas jednej z części podróży. Jest w ciągłym kontraście z brutalnym światem piractwa, codziennością pirata i życiem na statku, które są dla niego niewątpliwie odkryciami.

BEN GUNN

Rozbitek i marynarz porzucony przez załogę pirata Flinta, od trzech lat nie ma żadnego kontaktu z cywilizacją. Jest jedynym mieszkańcem bezludnej wyspy i odwołuje się do mitu o kanibalach. Jego brudny i rozczochrany wygląd fizyczny przeraża Jima Hawkinsa, który spotyka go jako pierwszy. Mimo długich lat spędzonych w samotności nie jest wrogo nastawiony i okazuje się cennym sprzymierzeńcem Jima. W zasadzie to on doprowadza historię do ostatecznej sytuacji, dostarczając istotnych informacji. Współpraca z załogą jest dla niego sposobem na zemstę na piratach poprzez ich zastraszenie, ale przede wszystkim na opuszczenie wyspy na dobre.

Ben Gunn, choć pojawia się w powieści stosunkowo późno, jest postacią istotną, ponieważ prowadzi historię do jej rozwiązania. Jest też jednym z jedynych protagonistów, którego historię zna czytelnik, od jego przeszłości w załodze Flinta aż do zmiany kariery na strażnika flagi na Antylach.

ANALIZA

POWIEŚĆ O PRZYGODZIE I DOJRZEWANIU

Wyspa Skarbów osiągnęła znaczące potomstwo, a jej powodzenie objęło całe pokolenia. Często przedstawiana jako esencjonalna powieść przygodowa, kojarzona jest raczej z lekturą dla dzieci, zwłaszcza młodych chłopców.

Historia ta prezentuje klasyczny zarys powieści przygodowej i z wielu powodów stała się archetypem:

* Fakt, że młody, nieustraszony bohater rzuca się w wir porywającej misji;

* Obecność elementów, które były odtąd klasyczne, jak skarb, bezludna wyspa, piraci, a nawet przerażający rozbitek;

* Obecność wielu niespodziewanych wydarzeń i zmian w tempie narracji (na przemian bardzo opisowe fragmenty i bardziej gorączkowe przejścia, jak np. scena walki Jima z piratem na szczycie masztu).

Powieść przygodowa jest częścią literatury popularnej, która pojawiła się w drugiej połowie 19th wieku. Jak większość powieści z tego gatunku, *Wyspa Skarbów* została po raz pierwszy opublikowana w prasie brytyjskiej jako powieść seryjna.

Powieść należy również do bardziej specyficznej kategorii coming-of-age novels, gatunku zapoczątkowanego w 18th wieku, które opowiadają o procesie uczenia się młodego bohatera. Zanim stanie się on mężczyzną, musi stawić czoła różnym próbom. Jim po śmierci ojca trafia do świata dorosłych i musi stawić czoła nieznanym niebezpieczeństwom z dala od domu. Wraca dojrzały i odmieniony dzięki tym mękom. Ten schemat można znaleźć w większości powieści dla młodzieży.

MITOLOGIA PIRACKA

Wyspa Skarbów to jedna z pierwszych powieści, w której stworzono i opisano postacie należące do świata piractwa. Odegrała ona dużą rolę w rozwoju zbiorowej wyobraźni w zakresie mitologii otaczającej piratów. Powieść zawiera więc różne elementy, które mogą być kojarzone z tym światem:

- Cechy fizyczne piratów takie jak: opaska na oczy, drewniana noga, papuga i tatuaże;

- Ich podstępna i chciwa natura;

- Ich miłość do rumu;

- Wewnętrzna rywalizacja w sferze piractwa.

Piraci z pewnością wzbudzają tyle samo strachu, co fascynacji. Dlatego też mitologia, która jest z nimi związana, osiągnęła potomność i z pewnością jest wciąż aktualna. Zresztą po Stevensonie inni autorzy z powodzeniem opisywali świat piratów. Dotyczy to na przykład Emilio Salgariego (włoski pisarz, 1853-1911), którego liczne przygody o szeregowcach zostały zaadaptowane na duży ekran, a także Jamesa Matthew Barrie'ego (szkocki pisarz, 1860-1937), twórcy słynnego Kapitana Haka czy ostatnio Hugo Pratta (twórca komiksów, 1927-1995), który stał za przygodami Corto Maltese, szeregowca. To wyobrażenie o piratach, niemalże kliszowe, widoczne jest również w kinie, o czym świadczy niedawny sukces *Piratów z Karaibów*. Wszystkie te adaptacje pozostają wierne popularnej wizji piratów, którą znajdujemy w *Wyspie Skarbów*.

MODEL AKTUARIALNY

Ze względu na liczne nieprzewidziane wydarzenia i jasno określone zadanie, *Wyspa Skarbów* szczególnie dobrze nadaje się do badania modelu aktorskiego. Jak w większości powieści przygodowych, różne transformacje fabuły są jasno określone.

Jim Hawkins jest bohaterem tej przygody. Zgadza się on wyruszyć w poszukiwaniu skarbu Flinta, który jest zatem poszukiwanym celem czy też celem wyprawy, po uważnym przeczytaniu dokumentów znalezionych w skrzyni Billy'ego Bonesa. Przedwczesna śmierć tego ostatniego pozwala Jimowi i jego matce uciec przed piratami. Giermek Trelawney przyjmuje Jima na pokład *Hispanioli* jako chłopca okrętowego, a doktor Livesey chroni i opiekuje się młodym chłopcem. Wreszcie Ben Gunn ujawnia istotne informacje o skarbie. Postacie te pomagają więc bohaterowi w realizacji jego misji. Natomiast bunt piratów i ich decyzja o ataku na fort spowalniają to osiągnięcie. John Silver może być uważany zarówno za przeciwnika, jak i pomocnika, ponieważ bierze Jima jako zakładnika, ale nie decyduje się na jego egzekucję. W końcu wyprawa okazuje się najbardziej korzystna dla Jima, który dojrzewa, Bena Gunna, który może wreszcie opuścić swoją wyspę i Long Johna Silvera, któremu udaje się uciec.

Wyraźny zarys byłby zatem następujący:

DALSZA REFLEKSJA

KILKA PYTAŃ DO PRZEMYŚLENIA...

- Co czyni ten utwór powieścią przygodową?

- *Wyspa Skarbów* to także powieść o dorastaniu. Co to oznacza? Przytocz inne powieści o dojrzewaniu i porównaj je z Wyspą Skarbów.

- Porównaj piratów z *Wyspy Skarbów* z innymi znanymi ci przedstawieniami piratów.

- Jak myślisz, dlaczego postać pirata jest tak udana?

- Jakie mity lub postaci mityczne przypomina nam Ben Gunn?

- Przytocz inne mity (poza piratami i rozbitkiem), które stały się sławne i/lub są tematem książek, filmów itp.

- Czy uważasz, że to dzieło lepiej nadaje się do jednego typu adaptacji niż drugiego (kinematografia, komiks itp.)? Uzasadnij swoją odpowiedź.

- Porównaj powieść Stevensona z powieściami Julesa Verne'a (*Podróż do środka Ziemi, Pięć tygodni w balonie, Tajemnicza wyspa*). Jakie podobieństwa i różnice występują między dziełami tych dwóch autorów?

DALSZE CZYTANIE

WYDANIE REFERENCYJNE

Stevenson, R. L. (1884) *Wyspa skarbów*. Boston: Roberts Brothers.

ADAPTACJE

Powieść Stevensona była przedmiotem co najmniej sześciu adaptacji filmowych. Do najbardziej znanych należą:

Wyspa skarbów. (1934) [Film]. Victor Fleming. Dyr. USA: Metro-Goldwyn-Mayer.

Wyspa skarbów. (1972) [Film]. John Hough i Andrea Bianchi. Dirs. Niemcy Zachodnie: Central Cinema Company Film.

Chcemy usłyszeć od Ciebie, co się dzieje!
Zostaw komentarz na temat swojej internetowej biblioteki
i podziel się swoimi ulubionymi książkami w mediach społecznościowych!

Dlaczego warto wybrać Must Read?

Dowiedz się wszystkiego, co musisz wiedzieć o książce dzięki naszym zwięzłym i dogłębnym streszczeniom i analizom!

Odkryj to, co najlepsze w literaturze w zupełnie nowym świetle!

www.50minutes.com

www.50minutes.com

Master ISBN: 9782808694865
Papierowy ISBN: 9782808616263
Depozyt prawny: D/2023/12603/1906

Verhaal: © Primento

Projekt cyfrowy: Primento, cyfrowy partner wydawców.